Armin König

Höllisch Gebrodel

Sonderausgabe
anlässlich der Lesung
«Haste Worte«

Edition Kerpen 2017

Bibliografische Information der Deutschen Nationalbibliothek:
Die Deutsche Nationalbibliothek verzeichnet diese Publikation
in der Deutschen Nationalbibliografie; detaillierte
bibliografische Daten sind im Internet über http://dnb.d-nb.de
abrufbar.

© 2017 1. Auflage

Alle Rechte bei Armin König, Illingen.

Herstellung und Verlag: BoD - Books on Demand Norderstedt

978-3-7431-7465-8

Das Werk, einschließlich seiner Teile, ist urheberrechtlich
geschützt. Jede Verwertung ist ohne Zustimmung des Autors
unzulässig. Dies gilt insbesondere für die elektronische oder
sonstige Vervielfältigung, Übersetzung, Verbreitung und
öffentliche Zugänglichmachung

Die Dienste der Grossen sind gefährlich und lohnen der Mühe, des Zwanges, der Erniedrigung nicht, die sie kosten.

Gotthold Ephraim Lessing, Minna von Barnhelm

1

SISYPHUS

Nun sitze ich an einem freien Sonntagmorgen an meinem Schreibtisch, um niederzuschreiben, was mich bewegt, ein bisschen auch, um Geheimnisse zu erzählen, als Politiker und Poet.

Ich halte mich an Ingeborg Bachmann, deren Bücher mich seit meiner Jugend faszinieren: «Die Wahrheit ist dem Menschen zumutbar.» Auch wenn sie nicht jeder hören will.

Dies ist ein Skizzenbuch, ein Arbeitsjournal, eine Chronik der laufenden Ereignisse in einer Zeit der Unübersichtlichkeit und der Disruption.

Man vergisst zu schnell. Deshalb schreibe ich – um nicht zu vergessen.

Als Chronist einer Provinz, die längst Teil der großen Welt geworden ist.

Überall ist Global Village, überall ist Leben, wie schon der gute Ringelnatz wusste, bei meiner Tante im Strumpfband oder in den unendlichen erotischen Weiten des World Wide Web. Und wir stecken mittendrin – nicht im Strumpfband oder daneben, sondern in Kalamitäten. Oder erleben Sehnsucht und Glück, Melancholie oder Empathie. Man muss sein Haus, seine Kammer gar nicht mehr verlassen, um diese ganze unfassbare Welt zu erleben. Media. Digital.

Alles ist tausendmal beschrieben, fotografiert und gefilmt und wird gelikt und geteilt.

Überall ist Wunderwelt, überall ist Leben, überall ist Dunkelheit, es stirbt so viel in dieser Zeit. Nur Daten sind für die Ewigkeit, wenn das der alte Ringelnatz gewusst hätte, was hätte der geschrieben!

Was mich trotz allem antreibt, immer noch zu schreiben?

Etwas tief in mir drin.

Eine Sehnsucht.

Eine Sucht.

Eine Liebe zur Sprache.

Und diese Lust, Geschichten zu erzählen.

Weißt du noch... ?

«Literatur ist immer Verrat. Ich wüsste keinen anderen Grund, Bücher zu schreiben, als um zu petzen.» Behauptet Beigbeder.

Petzen will ich nicht. Ich habe auch nicht vor, Legenden zu stricken.

Aber verraten will ich schon das Eine oder Andere. Schreiben will ich, was nicht jeder kennt und die Schatulle öffnen und erzählen. Aus meinem politischen und privaten Leben, Dichtung und Wahrheit, dem ganzen Kladderadatsch eine Richtung geben.

Ich will offenlegen, wie Machtspiele ablaufen, und welche Folgen dies für uns alle hat.

Es geht doch immer um Macht und Herrschaft und Geld und Einfluss, wenn Politisches im Spiel ist – und auch im Privaten. Aber auch um kleine und große Freuden und Leiden.

Das ist das eigentlich Spannende.

Wer Tagebuch schreibt, will die Zeit, das laufende Band, auf dem wir uns bewegen, für einen Moment anhalten. Innehalten, um zu verstehen in einer Welt, die uns verwirrt.

Innehalten, um zu verstehen, warum wir tun, was wir tun. Mit all unseren Widersprüchen, mit unseren je eigenen Wahrheiten und Wahrnehmungen, die wir immer wieder neu anordnen zu einer Geschichte des eigenen und fremden Lebens.

Das müssen wir auch, um nicht verrückt zu werden.

Denn:

Nichts bleibt, wie es ist.

Seit zwanzig Jahren fahre ich Achterbahn.

Freud und Leid, Frust und Freud, so ist das Bürgermeisterleben in der Provinz, die längst keine Provinz mehr ist, seit Twitter und Facebook und Internet uns millionenfach vernetzen, weltweit, derweil die alte analoge Welt hinweggefegt wird.

Was waren das noch Zeiten, als das Büroleben von Akten und Deckeln und Lochern und mechanischen Schreibmaschinen, von Tipp-Ex und Korrekturbändern geprägt wurde und wir uns zum privaten Telefonat in Zellen mitten im Dorf einschlossen, umringt und begafft von anderen Fernsprech-Begierigen, die ebenfalls Zugang zur engen, stickigen Zelle begehrten – und das alles freiwillig. Wir warfen Groschen und Markstücke ein, um Dates zu organisieren und Liebesschwüre zu deklamieren.

Je größer die Liebe, desto größer der Silberling, den wir einwerfen mussten. Und draußen traten sich andere Liebebeschwörer die Beine in den Bauch. Teufel auch. Das waren Zeiten!

Wir hatten kein Telefon zu Haus' und als wir eins hatten, sollten die Eltern nicht hören, wie wir uns Liebe schworen....

Das waren nicht andere Zeiten.

Das war eine ganz andere Welt.

Irrwitzig weit und doch so nah.

Mit Computer und Handy wurde alles anders.

Digitalisierung verändert die Welt. Aber sie zerstört nicht nur, sie eröffnet auch Chancen und revolutioniert das Leben.

Man kann nicht nur verwalten, sondern auch unkonventionell gestalten, gegen den Strom schwimmen, sich mit denen anlegen, die den Status Quo und ihre eigenen Pfründe krampfhaft halten wollen. Nur durch Aufsässigkeit geschieht Veränderung und Geschichte. Manchmal mit Schmerzen. Das muss einer wollen. Ich wollte das immer. Will es auch heute. Ich bin keiner, der sich auf Lorbeeren ausruht.

Noch immer gehen mir die Ideen nicht aus.

Bin Energiebündel und Antreiber.

Doch zuweilen überwältigt mich die Melancholie. Dann halte ich inne und ziehe Zwischenbilanz.

Es war nicht vorgesehen in meiner Biografie, Bürgermeister zu werden. Nun bin ich einer der Dienstältesten im Land. Und ich überlege, wie ich mit meiner begrenzten Lebenszeit, die mir noch bleibt, umgehe.

Was ist wichtig?

Mir und anderen?

Max Frisch hat schon vor Jahrzehnten die richtigen Fragen gestellt. Sein Fragebogen ist legendär. Und schon die erste Frage stellt uns vor unlösbare Probleme.

«Sind Sie sicher, dass Sie die Erhaltung des Menschengeschlechts, wenn Sie und alle Ihre Bekannten nicht mehr sind, wirklich interessiert?»

Wie sollte einer von uns diese Frage objektiv beantworten? Wir können nur Rechenschaft geben über das, was wir getan und unterlassen haben.

Ich habe gelebt, geliebt, gelitten, gestritten, gefeiert, geweint, gelacht, geküsst wie jeder andere auch, ich habe getrauert, gelernt, gebangt, gehasst, ich habe verdammt, verflucht, verteufelt, ich habe aufbegehrt, ich hab mich gefreut, ich habe zuweilen einen über den Durst getrunken, hab wie ein Wilder trainiert, hab musiziert, hab referiert, habe doziert, Attacken pariert, hab mich in Widersprüche verstrickt, habe gestreichelt, getastet, habe gefühlt, mich durchgewühlt, hab rebelliert, fintiert, paraphrasiert, habe gedichtet, was krumm war gerichtet, ich habe kommentiert und glossiert.

Und manchmal war ich verzweifelt. Und verzage immer noch, wenn kein Ausweg in Sicht ist. Die dicke Haut des Berufspolitikers ist mir nie gewachsen.

Deshalb trifft mich Schmähkritik noch immer.

Gewiss: Wer austeilt muss auch einstecken können. Aber auf die Ebene, auf die sich so mancher Gegner begibt, möchte ich nicht abstürzen. Dann lieber leiden!

Mit den Sozialen Medien, mit Facebook und Twitter hat sich die Welt verändert, nicht in jedem Fall zum Besseren. Die Apologeten des Postfaktischen haben die Netze gekapert, und wir stehen weitgehend machtlos vis-à-vis. Wir müssen gegenhalten, das bleibt uns nicht erspart. Denn resignieren dürfen wir nicht, allen Problemen zum Trotz.

Das Geschäft wird von Jahr zu Jahr schwieriger, kritisiert wird heftiger, persönlicher, direkter. Vieles geht unter die Haut. Seit Monaten stehe ich im Feuer, teile selbst aus und fühle mich unwohl dabei.

Ich bin aber ein Mensch aus Fleisch und Blut mit Emotionen und Ängsten und Sorgen, kein Roboter, keine Maschine; ich trage Verantwortung für meine kleine Welt, meinen Mikrokosmos im Illtal.

Im Amt. Und in der Familie.

Himmelhochjauchzend und zu Tode betrübt erfahre ich die turbulente Welt. Doch es wird von Jahr zu Jahr schwieriger, die Höhen und Tiefen der täglichen Achterbahnfahrten auszugleichen.

Ich habe meine Geheimnisse, und eines habe ich lange gehütet: Mein Sohn ist anders als andere. Er ist, wie er ist. Wir lieben ihn. Wir achten ihn. Wir schätzen ihn. Wir fördern ihn.

Er hat besondere Talente. Mit eineinhalb hat er die ersten Orgeltasten gedrückt, um Alle meine Entchentöne zu suchen und zu finden. Er ist eigen, gewiss. Ein eigener Mensch, ein eigener Charakter, ein eigener Typ. War er autistisch? Nein. Das wäre ein Etikett.

Mit drei konnte er auf dem Klavier spielen, Geburtstagslisten auswendig rezitieren. Aber in Kästchen oder Schubladen, wie sie Schulen und Schulbürokraten noch immer bauen, hat er nie gepasst.

Ob das wichtig ist? Wichtig ist, dass er weiß, was er weiß und besondere Talente hat und dass andere dies auch wissen. Das schätzen wir sehr. Endlich ein Stück Normalität. Aber was ist schon Normalität?

Heute ist er Profi für Digitales.

Analog spielen wir Klavier zu vier Händen: Diabelli. Er die Führungsstimme, ich die Begleitung. Und ich staune, wie er führt! Hey, das ist ein Leben!

Er hat den Blues im Blut. Und Bach spielt er mit mathematischer Präzision. Die ständige Sorge, was aus dem Jungen nur werden soll, hat sich als unbegründet erwiesen.

Er ist ein Goldschatz, der Klavier spielt und mit fotografischem Gedächtnis gesegnet ist. Wir lieben und wir bestärken ihn. Es war unser längster und härtester Kampf, der uns geprägt und gestählt hat – gegen alle Widerstände.

Wir haben ihn gewonnen und dabei erfahren, dass ein jeder Mensch seine je eigenen Talente hat.

Das Leben ist tatsächlich eine Wundertüte. Glaubt also nicht denen, die Menschen in Schubladen stecken.

Ich habe noch keinen Menschen erlebt, der in eine Schublade passt. Lebt euer Leben mit denen, die ihr liebt, mutig und unkonventionell, gerade in Zeiten der allumfassenden Formatierung und Konditionierung und Digitalisierung.

Schwierigkeiten? Die gibt's. Gewiss. Aber:

Man wächst an Problemen.

So haben wir gelernt, zu kämpfen und zu lieben.

Erst haderst du mit dem Schicksal, fragst nach dem Warum? Doch gewinnen kannst du nur, wenn du dein Leben, dein Schicksal, deinen Weg akzeptierst. Du hast eine Lebensaufgabe zu lösen.

Deine Lebensaufgabe.

Du lernst, dass es Dinge im Leben gibt, die wichtig sind und Dinge, die andere für wichtig nehmen, die aber doch so belanglos sind.

Man muss sich Sisyphus als einen glücklichen Menschen vorstellen, hat Camus geschrieben. Wie recht er hat.

Was wäre das doch für ein langweiliges Leben, wenn alles immer glatt ginge. Wir wüssten das Glück des Augenblicks kaum zu schätzen.

2

Kleine Helden

Ich liebe Bücher.

Und ich liebe Buchhandlungen.

Wenn ich irgendwo in Europa eine Buchhandlung sehe, kann ich nicht widerstehen. Ich muss sehen, was es an Auslagen gibt, selbst dann, wenn ich die Sprache der Bücher nicht verstehe. Selbst in Helsinki, in Krakau oder Faro konnte ich dem Verlangen nicht widerstehen, reinzugehen in diese kleinen Welten der Literatur und Bücher in die Hand zu nehmen und in ihnen zu blättern

Bei diesen, meinen Streifzügen durch Buchhandlungen sind mir immer wieder Bücher Erziehung ins Auge gefallen. Sie müssen massenhaft gekauft werden und scheinen sehr begehrt zu sein.

Eltern informieren sich, wie sie gute Eltern sein oder werden können. Und so kaufen sie Titel wie

«Nein aus Liebe», «Dein kompetentes Kind», «Leitwölfe sein».

Mir ist das sehr suspekt. Ich wollte nie kompetent sein als Kind. Ich wollte Held sein und Abenteurer, Entdecker, Pilot, Schatzsucher oder Astronaut. Aber kompetent? Ach was.

Ich glaube deshalb auch nicht, dass man Erziehung wirklich aus solchen Büchern lernen kann.

Lasst die Kinder Entdecker und kleine Helden sein – begleitet sie auf dem Weg zum Erwachsenwerden. Gebt ihnen Freiheiten, denn Leben ist der beste Weg, das Leben zu lernen.

Neugierig, offen, mit dem Mut zu Abenteuern.

Mein Vater war ein außergewöhnlicher Trainer. Er hat mich und meinen Bruder zum Leistungssportler gemacht. Durch ihn habe ich die Welt kennengelernt: Israel, Portugal, Frankreich, Holland, Österreich, die Schweiz. Überall haben wir geturnt. Wir haben gewonnen und verloren, wir waren kleine Helden und große Abenteurer. Das fanden wir großartig.

Von meiner Mutter habe ich das Musikalische. Sie hat für andere Menschen Kleider genäht, um mir und meinem Bruder die Klavier- und Trompetenstunden zu finanzieren, den beidden Schwestern die Ballettausbildung.

Ja, unsere Eltern haben uns geradezu aufopferungsvoll gefördert.

Trotzdem brauchten sie nicht alles zu wissen.

Wir haben gefährliche Mutproben gewagt.

Und kein Vater und kein Lehrer hat uns aufgehalten. Und es gab keinen, der wegen Vernachlässigung der Aufsichtspflicht geklagt hätte.

Ich bin heute noch stolz darauf, wie wir als elfjährige Quintaner im Illinger Pfarrheim aus dem zweiten Stock aus dem Fenster auf den Betonboden hinterm Haus gesprungen sind. Ich war ja der Zweitkleinste der Klasse und musste mich beweisen. Nur Thomas Brück war noch kleiner. Beide waren wir Turner in Hüttigweiler. Beide sind wir gesprungen. Zwei kleine Verrückte. Wir hätten uns die Beine brechen können. Aber wir blieben unverletzt. Anschließend waren wir kleine Helden. So ist das manchmal in Klassen.

Natürlich war ich dabei, als wir im Burgpark neben der Vorburg, wo der dicke Herr Thewes gewohnt hat, Flugübungen am Kettenkarussell gemacht haben. Auf in die Thujabüsche. Wir ließen uns antreiben, bis wir fast waagerecht an unserer Kette in der Luft hingen. Dann mussten wir im richtigen Moment loslassen, um nicht auf Schotter, sondern in der Thuja-Hecke zwei Meter weiter zu landen. Das war nicht ganz so gefährlich wie der Fenstersprung, aber spektakulär.

Geschadet haben wir keinem damit – nur den Hecken und unseren Hosen. Manchmal landeten wir auch auf Schotter. Ein bisschen Blut und Schorf ist immer. Und ins Klassenbuch sind wir auch geflogen. Wegen Verwüstung der Klasse. Dabei haben wir nur ein bisschen Unsinn gemacht. Was aber mächtig aufgebauscht wurde von Erwachsenen.

Ich will gar nicht behaupten, dass wir damals Helden waren. Unsere Eltern waren ganz anderer Meinung, als sie die blauen Briefe bekamen. Aber sie haben uns weiter unsere Erfahrungen machen lassen. Wir durften eine Welt erobern.

Das wünsche ich Kindern. Dass sie ihre Welt entdecken und erobern dürfen, ohne dass sie ängstlich behütet werden.

3

Raboll

Natürlich trinke ich Bier. Wie alle Saarländer. Urpils, Bruch, Mettlacher Abtei.

Und natürlich trinke ich Wein. Bevorzugt von der Obermosel. Aber auch Saar-Riesling. Und Primotivo. Doppio Passo. Ich trinke, was mir schmeckt.

Und dann gibt es noch ein Getränk, das ich liebe, weil es so verboten süß ist: Orangenlimonade.

Sogleich werden Erinnerungen an die Kindheit wach.

Sonntags ging Vater stets mit seinen Turnkameraden zum Frühsport in die Schulturnhalle an der Au, zum Missfallen der damals noch gestrengen Pastöre. Deren Missfallen steigerte sich noch, als erstmals Mädchen in ihren engen Trikots auf dem Schwebebalken balancierten, während vor der Halle die Kirchgänger promenierten und dabei auch verstohlene Blicke auf die hübschen, turnenden Grazien warfen. Mich nahm Vater schon früh mit zur sonntäglichen Frühstunde. Ich war fünf oder sechs und lernte erst Purzelbäume, dann Handstände, Räder, Kippen, Kehren, Aufschwünge und Umschwünge und später dann, als begeisterter kleiner Wettkämpfer, Flick-Flacks und Salti und Überschläge und alles, was Punkte einbrachte.

Nach dieser sonntäglichen Frühturnstunde, die auch mir Lust auf diesen Sport macht, blieb Zeit genug für einen Frühschoppen, den wir abwechselnd beim Schipp oder bei Paula genossen.

Beim Schipp gabs Karlsberg, beim Paula Schloss.

Bei Karlsberg prangte der Kurfürst auf dem Etikett, Schloss war per se (nomen est omen) fürstlich oder auch herzoglich. Und außerdem Sponsor meiner Lieblingsfußballmannschaft Borussia Neunkirchen.

Zum Schipp ging ich lieber. Was eindeutig mit den Zeitschriften des Lesezirkels zusammenhing, die dort auslagen, wie ich heute einräumen würde. Da gab's den Stern und die Quick und ich sah allerlei Erquickliches auf Hochglanzpapier.

Über diese sonntäglichen Frühschoppen wurde zu Hause stets der Mantel des Schweigens gebreitet, und wenn ich heute in der gebotenen Knappheit darüber berichte – über schummelnde Skatspieler, die ihren Mitspielern sozusagen die Hosen auszogen, über Unternehmer, die zu Boxern wurden, über Pantoffelhelden, die gerade so viel Geld in der Tasche hatten, dass sie zwei Bier trinken konnten, die sich aber am Büffet als Helden gebärdeten – dann nur, um ein Stück Heimat für die

Nachwelt zu retten und um ein Getränk zu nennen, das heute keiner mehr kennt.

Für die Geheimhaltung hatte mein Vater gesorgt. Der gute Urban bestach mich auf seine Weise: Indem er mir eine Limonade der besonderen Güte offerierte und spendierte:

Raboll.

Reinartz Allerbeste Orangen Luxus-Limonade.

Diese Mischung: Süße Raboll, Prickeln im Mund und das Prickeln beim Betrachten der der süßen Mädels im Stern oder in der Quick – das machte den eigenartigen Reiz aus.

Raboll ist verschwunden wie die Quick, der Stern löst in einer Zeit der Reizüberflutung, der Fernseh-Erotik und der Internet-Angebote schon lange keine Reflexe mehr aus.

Und doch sorgt die Erinnerung an diese 60er Jahre-Mixtur noch immer für angenehmes Prickeln.

Leider ist das Trinken heutiger Orangenlimonaden nur ein fader Abklatsch dessen, was wir mit Raboll geschmeckt haben. Den Hauch von Süße und Erotik. Und eine Ahnung von der verbotenen Frucht.

4

Mein erstes Gedicht erschien zu Zeiten des legendären Kulturredakteurs Dr. Heinz Mudrich im Feuilleton der Saarbrücker Zeitung. Es hieß «Bergschaden» und war ein Sakrileg im Montanland Saarland, wo die Saarbergwerke Narrenfreiheit hatten.

5

BERGSCHADEN

Vom Boden steigt
Angst hoch
Nachts
Reißen Wände auf,
Zehn Klafter breit.
Durch Fugen
Bricht
Schimmernd
Das Morgenlicht.

Der Mensch?
Hat sich anzupassen,
Sagt ein Experte,
An die Erfordernisse
Des Bergbaus
Und überhaupt
Ist ein Haus
Nicht für alle
Zeiten gebaut
Sagt er
Zahlenkolonnen
Tonnenzahlen

Schreibend
Großzügig
Stellt er
Gutachten aus
Menschen zu kaufen.

Sieben Grad Schieflage
Sechzig Prozent
Entschädigung.
Ist das nichts?

Die Tränen des
Alten Mannes
- und was wird
Aus den übrigen
Vierzig Prozent für mein
Altes Haus
Und wer kann ermessen
Was ich an
Arbeit und
Schweiß und
Herzblut
hineingesteckt habe? -
Begreift er nicht.

Die Menschen hier
Sollten dankbar sein

Zürnt er.
Haben nicht
Zweitausend
Arbeit und Brot
Und Lohn?

Was wiegen da schon
Zweihundert kaputte Häuser?
Und überhaupt
Ist ein Haus nicht
Für alle Zeiten gebaut,
Meint er,
Tonnenzahlen schreibend,
auch nicht
im Land
von Kohle und Stahl.
Dem einst so gelobten.

6

DER TEXT WAR POLITISCH, kritisch, und er brach mit saarländischen Traditionen. Plötzlich war nicht mehr von «schwarzem Gold» und «Glückauf, der Steiger kommt», die Rede, sondern von Ängsten alter Menschen, von Zahlenkolonnen und Tonnenzahlen eines übermächtigen Unternehmens. Saarberg war ein Staat im Staat, vielfach durch Lobbyisten in Landtag, Behörden und Medien protegiert.

Ein Barbaraverein aus dem Regionalverband Saarbrücken kündigte mir die Freundschaft, die Bergbaubetroffenen aus Merchweiler und Wemmetsweiler dankten dagegen für Zivilcourage.

Zum ersten Mal wurde mir bewusst, dass Sprache nicht ganz machtlos ist.

Und ich entdeckte, dass man auch sperrige Themen lyrisch bearbeiten kann. Industriekultur als Sujet – eine spannende Herausforderung.

Es sollte nicht das letzte Gedicht dieser Kategorie bleiben.

7

IBA Emscher Park: Zu meinen spannendsten Erfahrungen gehörte ein Besuch an der Ruhr mit einem Ausschuss des Saarländischen Landtags. Wir informierten uns bei Karl Ganser, dem Doyen der Industriekultur, den Mentor der Internationalen Bauausstellung IBA Emscherpark.

Dieser Stippvisite an der Ruhr war eine Offenbarung. An der Ruhr wurde ich zum Fan der Industriekultur.

Die Gedichte, die nach diesem Besuch entstanden, sind unter dem Titel «Landmarken» gesammelt und dokumentiert.

8

DAS WERK

Erzähl mir
Bat mein Sohn
Eine Geschichte
Aus vergangener
Zeit von Maschinen
Monstern Riesen
Turbinen Schmiede
Hämmern Hoch
Öfen Hitze
Schilden und
Stahl Blechen
Walzen Draht
Werken Kohle
Bevor
Zechen sterben.
Erzähl mir
Was
Wirklich
War.

Und ich erzählte
Vom monotonen

Hämmern und
Walzen und
Schlagen und
Bohren und
Feilen und
Hämmern und
Walzen und
Schlagen und
Bohren und
Feilen und
Hämmern und
Walzen und
Schlagen und
Bohren und
Feilen und
Hämmern und
Walzen und
Schlagen und
Bohren und
Feilen
Acht
Stunden lang
Nur
Unterbrochen, wenn
Sirenen heulend
Zur Pause riefen
Stullen ausBILDpacken

Butter und Wurst
Fettige Finger
Abgewischt
An öligem
Fettigem Blaumann
Und die
Fettigen Schlagzeilen
Des Boulevard
Blatts
Buchstabiert
Sex & Crime
Sport
Sensationen, die
Morgen einwickeln
Die fettigen Stullen.
Und reden über
Libuda und
Emma, Tilkowsi
Und Held,
Unsre Helden
Vom Fußballfeld
Und über das
Schändliche
Dritte Tor, das
Keins war.
Wembley
WM 66.

Der Betrug.
Der Zorn.
Zum Narren gehalten
Das Land und
Die Welt
Von einem
Schweizer Dienst
Mann und Harlekin und
Bakhramov, dem
Schnauzbärtigen.
Gaukler in Schwarz,
Riefen die Kumpel
Und Lageristen,
Die Fräser und Schleifer
Und selbst die Vor
Arbeiter hatten kein gutes
Wort für diesen
Tort.
Sprachen von
Toren und
Dilettanten und
Intriganten.
Und es war
Kein Tor!
Monatelang
Gesprächsstoff am
Laufenden Band

Und immer
Und immer
Maloche
Maloche
Maloche
Hämmer schmieden
Glühenden Stahl
Funken stieben
Hitze und Lärm
Ein Dröhnen
In zugigen Hallen
Und doch
Stolz
Auf das Werk.
Unser
Werk.
Arbeit für
Alle.

Die Väter
Die Söhne.

Das Leben.

Und der Himmel
Schwefelgelb
Über der Ruhr und

Der Saar.
Wen juckte das schon ?
Es gab ja Seife.
Und Pril und Persil.
Schmutziges,
Sauberes Deutschland
Die Wiege
Des Reichtums:
Maschinen
Monster Riesen
Turbinen Schmiede
Hämmer Hoch
Öfen Hitze
Schilde Stahl
Bleche Walzen
Draht Werke
Kohle -
Plötzlich aber!
Zechen
Sterben.
Das Ende
Der heilen Welt.

Und morgen
Zu Hause
Für immer
Allein mit der

Einsamkeit

Die Zukunft ?
Gehört

Anderen

9

ALTE HALDE, NEUES LEBEN

Grandiose Landschaft
Saarlandzarote
Black Stones &
Blue Sky.
Es reizen die alten
Halden &
Weiher, wo heute
Reiher nisten,
den Freund der Natur.
Einst rauchten hier Schlote
und spuckten Schwefel.
Bergbau
Riss Erd
Spalten
und Häuser auf.
Alles vorbei.
Und es ist gut.
Die Jungen
Haben Mut gefasst.

Zwischen Berge

und Schlacke
und Förderturm
fliegen
Libellen
rasten
Gelbbauch
Unken
in Backsteinresten
der Alten Ziegelei
Schon ziehen Kraniche
Am weißen Schachtbockriesen
Vorbei und künden von
Freiheit und Abenteuer.
Heimat im Wandel.
Auf alter Halde
Neues Leben.
Dies ist mein Land.
Neuland.
Schöne
schwierige
Heimat.

10

WELTKULTURERBE VÖLKLINGER HÜTTE

Trotzig stehen die
Alten Giganten und
Recken die rostigen
Stahl-Hälse und
Köpfe gen Himmel
Über der Saar
Erloschen das Feuer der Nacht
Und die
Alten
Recken der Eisenzeit,
die einst
Am Hochofen kochten,
Kühlen heute ihr Mütchen
im Cafe Umwalzer an
Kramp-Karrenbauer
Lafontaine und Co.
Die Welt ist schlecht
Sagen sie
Und träumen von
Alten Zeiten.
Als ob
Damals

Die Welt besser war
Unter den muffigen
Alten Zigarre paffenden
Stahlpatronen,
die mit Waffen
Geschäfte gemacht
Und jeden Kanonenrohr-Abschluss
Unverdrossen mit Cognac begossen.
Die alten Magnaten sind
längst über alle Berge.
Die Erben haben
Ihr Schäfchen
In einer Tessiner Hütte
Im Trockenen.

Das Feuer der Bildung
Lodert heut staubfrei
Und schwefellos
Auf Völklinger
Schüler-Tablets
Jugend forscht
Für die Zukunft der
Einen Welt.
Wir haben noch Hoffnung.

11

Mein Königreich ist die Freiheit

Ich schreibe, was ich nicht schreiben, ich sage, was ich nicht sagen sollte. In einer politischen Welt, in der man nicht gern offen diskutiert. In einer Welt, in der man auch gern subtil oder offen diszipliniert. Gewiss, man kujoniert nicht. Stattdessen appelliert und interveniert und kanalisiert man. So entsteht Disziplin. Fraktionsdisziplin und Vorwahl-Geschlossenheit. Die diszipliniert auch. Und ist alternativlos. Und weil nach der Wahl immer vor der Wahl ist, herrscht alleweil immer Fraktionsdisziplin und Geschlossenheit in der Welt der Politik. Und Wut im Bauch gibt's auch...

Ich aber debattiere, diskutiere, argumentiere pointiert, provoziere, akzentuiere, ich explodiere, ich dechiffriere Politikersprech, ich filetiere Aufschneider, ich echauffiere und emanzipiere mich, ich gestikuliere, vergaloppiere mich, ich goutiere Finessen, ich improvisiere, ich manövriere mich in aussichtslose Lagen, wo mich keiner mehr eskortiert und niemand akzeptiert, dass ich bin, wie ich bin, und weiß, was ich weiß und weiß, was ich will und eine eigene Meinung kommuniziere, ich konstatiere, legitimiere, konnotiere, und natürlich demaskiere und interveniere ich, um zu reüssieren.

Das ganze rhetorische Arsenal musst du aktivieren, um zu analysieren und zu disputieren.

Das ist Demokratie.

Es ist die Demokratie, von der man uns in der Schule erzählt hat.

Wahre Demokratie.

Nicht gespielte Demokratie.

Es ist die Demokratie der Polis, die Demokratie des Forums.

Ich meine echte Demokratie, nicht die zurechtgestutzte, die in die globalisierte, formatierte, digitalisierte Welt des 21. Jahrhunderts implementiert ist.

Wo gibt es sie noch, diese wahre, echte Demokratie? Nur im Lokalen?

Ach was.

Demokratie ist auf allen Ebenen möglich.

Man muss nur einen Arsch in der Hose haben und auf dem Weg in den Herrscherpalast aufrecht gehen und den Mächtigen offen ins manchmal betriebsblinde Auge sehen.

Man darf, ja man muss ihnen die Meinung sagen oder auch geigen. Man kann ihnen auch aufs vergoldete Dacherl steigen. Aber Respekt muss man dabei zeigen. Vor der Person und dem Amt. Dann ist alles erlaubt.

Politik ist nie alternativlos, dessen bin ich nach zwei Jahrzehnten im Amt sicher. Fast nie. Jedenfalls sind alternativlose Momente extrem selten. Ich habe sie in all den Jahren höchstens ein dutzend Mal nur erlebt.

Und glaubt bloß nicht, es gäbe nur die schwarzrote Sicht der Dinge, die parteipolitisch verengte Perspektive. Werch ein Illtum, um es mit Jandl zu karikieren.

Die Welt ist kunterbunt, der Kopf ist rund, damit das Denken die Richtung wechseln kann. Und sie wechselt oft.

Das mag nicht jeder. Ich weiß. Aber ich mag diese Veränderungen. Sie tun uns gut.

Ich bin so frei, meine Meinung zu sagen und zu schreiben, auch wenn ich selbst Nachteile riskiere. Aber was kann mir schon passieren?! Dass man mir kein Amt anträgt? Ich habe ein Amt seit nunmehr 21 Jahr' und ich bleibe der, der ich schon immer war und immer noch bin.

Ich mische mich ein und mische mit und mische auf, auch wenn es vielen nicht gefällt.

Demokratie ist meine Welt.

Und: freies Wort.

Ich weiß, wo der Bartel den Most holt, aber ich habe keine Schäfchen, die ich nach und nach ins trockene Quartier treiben könnte. Die gut dotierten Posten, die das Land viel kosten, sind längst verteilt an Günstlinge des Hofs. Das war bei Oskar schon so, dem Sonnenkönig. So läuft das Spiel. Es ist auch heut noch so. Ich kann zufrieden damit leben.

Manche meinen, Macht sei das Elixier der Politik. Sie suchen und sie brauchen sie. Ich mach' mir nicht viel aus Macht. Mein Elixier ist die Freiheit. Die Freiheit der Rede, die Freiheit des Schreibens.

Meine Macht ist offene Kommunikation. Sagen und schreiben, was Sache ist, nicht geheim halten, was nicht geheim gehalten werden muss im Arkanum der Macht.

Damit kommen Machtmenschen selten zurecht. Die Karlchen und Kerlchen dieser Welt. Sie wollen Folgsamkeit, nicht Demokratie.

Ich pfeife auf Folgsamkeit.

Mein Königreich ist die Freiheit.

Die Freiheit des Denkens.

Die Freiheit des Redens.

Die Freiheit des Schreibens.

Die Freiheit des Meinens.

Die Freiheit des Forschens.

Die Freiheit, forsch und frei zu sein in der Politik.

Ich brauche sie wie die Luft zum Atmen. Ich brauche sie existenziell.

Deshalb bin ich Dissident.

Ich schreibe, um zu überleben.

Prosa und Gedichte.

Literatur ist immer Verrat, sagt Beigbeder.

Ich verrate gern, was sie so treiben. Das lieben sie nicht. Sie mögen die Vertuschung und Verheimlichung, die Verdunkelung.

Bringen wir also Licht ins Dunkel. Zunächst zur Globus-Affäre...

12

ÄOLSHARFEN

Das Werk der Stahlkocher
rußschwarz
schwefelgelb
tausendgradheiß
hat Zehntausende ernährt
bis der Tod des Reviers
an der Saar
unvermeidlich war:
- was sind schon Lichterketten
Trauermärsche gegen globalisierte
Milliardendeals?
Montan-Exitus
durch Federstrich aus Bonn
besiegelt. Das
waren Zeiten,
als Oskar der Große
der kleine Napoleon
von der Saar
die IG Metall und
die Bergbauchemieenergie-
Malocher
auf Autobahnen

Graswurzeldemokratie
demonstrieren ließ.
Vergebliche Utopie.
Die Öfen erloschen.
Die Hoffnung mit ihnen.

Es kam Ganser
der Guru.
Baut Weltkulturerbe.
Hüttenpark
statt Schwefelberg.
Ein Lichtlein am Horizont.
Die alten Malocher züchten heute
handzahm Tauben im
Hochofengestänge.

Die Natur aber erobert
sich ihr Revier.
Den Buchenwald.
Die Haine.
Das Tal geht nicht mehr in die Binsen.
Postfordistisch
küsst Industrie
Kultur und Natur.
Eine geschundene Region,
mit vielen Wunden geschlagen,
lebt wieder auf.

Ein Wettbewerb
ward gewonnen.
Idee Natur.
Zukunft pur.
Bundesweit unter 120
neue Chancen
neue Hoffnung auf
Industriekulturnatur.
Es freut sich der Mensch.
Es siedeln Libellen sich an
im Revier
und Unken,
Amphibiae,
Bombina variegata.
Es sprießt
Ruderalvegetation
am Haldenrand -
es klingen Aeolsharfen
im Binsental.
Es leben auf Hain-Buchen
einhundert Jahre alt,
spenden asthmatischen
Städtern
Sauerstoff
Im sauren Industrieboden- und
Autobahn-Revier.

Klimapflege pur.
Endlich
Kultur und Natur
in Harmonie:
Graswurzeldemokratie.
Man partizipiert
und diskutiert
und utopiert:
Nachhaltigkeit sei
unsre Vision.
Die Krone der Schöpfung,
der Mensch,
hat Vernunft
gelernt.

Doch erdbebengleich
schlägt plötzlich
Globalisierung zu.
Ein Milliardär hat den Ort
der Idylle entdeckt
für sein Millionen-
ach was
Milliardenimperium.
Statt Haldenraum
und Gelb-Unken-Bauch-Traum
Cash and Carry
im Außenbereich.

Gut vernetzt
mit Politik und Bürokratie
lässt Mister Milliardär
Muskeln spielen.
MachtRaum StadtLand
statt Zukunft Natur.
Globus ist
Globalisierung pur.

Schon unken Naturschützer:
statt Fischotter und Natter
10 Hektar Schotter, Asphalt
und Beton für Cash&Carry&Konsum.
Sei's drum:
Rendite geht vor.
Sie werden für Ausgleichsmaßnahmen blechen
und so den Willen der
sanften Utopisten brechen.
Denken sie.
Nur ein paar Sanftmütige
halten Stand.
Mit dem Rücken zur Wand.
Kämpfen sie.
Und finden Mitstreiter.
Ein Wunder geschieht.
Das macht Mut.
Das schenkt Hoffnung.

Es kann doch nicht alles
umsonst
gewesen sein.

13

LANCELOT

Lancelot
Lanzelot
kämpft
für Recht
und Gerechtigkeit
soweit
die Füße tragen.

Lancelot
Ritter ohne Furcht
Held der
kleinen Leute
kämpft
nicht für Geld
nur für seine
Ideale.

Lancelot
Ritter von Ehr
Zeigt, was geht.
Wenn einer

zu seinen Idealen
steht.
Das macht ihn stark.
So trotzt er
der Meute der Mächtigen,
die ihn hetzt und verletzt.
Am Ende gewinnt
der Gerechte.

Vielleicht.

13

«Make America great again»

«Make America great again». Wie dieser neue Präsident posaunt, als gäbe es kein Morgen.

Politik als Welt-Katastrophe, und wir mittendrin.

Angst vor den Freuden wird ganz real, Tag für Tag: Ja, es macht mir Angst, dass mit Donald Trump ein Lügner und Kriegstreiber ins Weiße Haus eingezogen ist.

«Keine Politik der Welt kann die entscheidenden Fragen lösen, die uns bewegen», sagte der große Friedrich Dürrenmatt sagte anlässlich der Verleihung des Kriegsblinden-Preises. Und: «Richtige Politik denke ich mir als etwas höchst Bescheidenes, Unauffälliges, Praktisches; die Politik der Elefanten und Ochsen ordne ich den Naturkatastrophen zu.»

Stattdessen erleben wir Radikalisierung und Fanatisierung.

Mit Kriegstreiberei und dreisten Lügen kenne ich mich aus.

Die Entstehung des ersten Golfkriegs habe ich als Radio-Redakteur und Korrespondent miterlebt.

Ich hatte Frühdienst in der Nachrichtenredaktion, als dieser «Desert Storm» entfesselt wurde. Wir wurden belogen und betrogen mit frisierten Kriegsberichten. Es dauerte Tage, bis wir dies begriffen und internalisiert hatten.

Danach begann ich nach langer Pause wieder, Gedichte zu schreiben.

14

MEMORANDUM

Schreibt bloß nicht
über die Liebe, Poeten,
die Frühlings-Triebe -
das hatten wir schon.
Millionenfach.

Schreibt über Musketen,
Raketen, Moneten,
Proleten.
Schreibt über Despoten,
Idioten auf Königsthronen,
Pharaonen,
die Millionen entrechtet.
Schreibt über Menschen,
die geknechtet,
bespitzelt, verhaftet,
gefoltert, verbannt,
über die, deren Schicksal unbekannt.
Vergesst nicht
die Täter im weißen Kragen,
die ihre Kohle
nach Luxemburg tragen,

nach Pananma in die Weißwäscherei,
zur Vatikanbank, nach Nassau,
´s ist einerlei.
Non olet - Geld
stinkt nicht-,
das weiß jeder Banker
und mancher deutsche Firmenlenker.
Gas für Ghaddafi,
Gift für Saddam,
wenn's ums Geschäft geht,
stehen sie stramm
vor Diktatoren und Tyrannen
und ihren schwerbewaffneten Mannen.
Nur durch Pannen
kommt ab und zu etwas ans Licht.
Doch wie´s wirklich zugeht,
wissen wir nicht.

Ethik ? Moral ?
Scheißegal,
wenn die Kasse stimmt.
Beschreibt die Welt,
Poeten,
so wie sie ist,
mal grau und trist,
mal grell und bunt.
Doch auf Liebesgeschichten

Kann ich verzichten.

15

SEISMOGRAF

Als Tagebuchschreiber bin ich Seismograf, der mal winzige, mal größere, mal gigantische Ausschläge registriert. Da ist keine Richtung mehr, kein Trend, keine Orientierung. Nirgends.

Gott? Ist von Darwinisten und Ökonomen in die Wüste geschickt worden. Teufel nochmal! Die haben die Welt in eine Eishölle verwandelt. Kalt und gefühllos. Von allen guten Geistern befreit.

Geldwelt, Gierwelt, Geizwelt.

Nicht meine Welt, die Kältewelt, die Egowelt.

Von rechts attackieren die Hasserfüllten, die Rassisten und Extremisten die Werte des Westens, die Fundamente der Demokratie, die Grundlagen der Freiheit, der Solidarität und der Aufklärung.

Mir macht das Angst.

Müssen wir uns dem beugen?

Machtlos zuschauen, wie Autokraten die Herrschaft der Welt an sich reißen?

Die Trumps und Putins und Erdogans?

Müssen wir resignieren und akzeptieren, dass die Demokratie vor die Hunde geht?

Nein, das müssen wir nicht.

Wir haben eine Chance auf Rettung, wenn wir handeln: Aufsässig sein gegen Faschisten und Terroralarm-Fetischisten, die unser Denken okkupieren.

Wir sind das Volk. Wir sind die Zukunft. An uns liegt es, was aus dem Land, was aus der Welt wird. Auch wenn der Boden schwankt und bebt. Es ist unsere Zukunft. Es ist unser Leben. Es kommt auf jeden Einzelnen an.

Unterschätze keiner, was ein Einzelner vermag.

16

Nach dem Golfkrieg

Die Mutter aller Schlachten
hat Märtyrer geboren

und Waisen.

Trümmerfrauen
räumen den Schutt beiseit,
stehen für eine Kanne Wasser an,
einen Laib Brot
Ihr Schritt ist schwer,
versteinert
ihr Geicht
und tränenleer.

Vergeblich
warten sie
und ihre Kinder
auf Vater,
Mann und Bräutigam.

Helden
im Wüstensand:

verbrannt,
zerschossen,
elend krepiert.

Am Rande notiert: Der Verlust
an Menschen und Material
war erstaunlich gering,
sagt ein General –
auf Seiten der Alliierten
wenig Kollateralschäden.

Zensierte Fernsehbilder
zeigen Hochtechnologie:
Tarnkappenjets,
Patriot-
Abwehrraketen,
Laserkanonen.
Todesboten.
Und
aufgeräumte Jetpiloten.

Die Toten
Sehn wir nicht.

Die Wüste
ein Labor
für Waffentester,

die Städte
ein abstraktes Netz
von Planquadraten,
Koordinaten.
Videogames
für Generäle,
Offiziere und
gewöhnliche
Soldaten.

Fasziniert
schauen wir zu
bei Chips und Bier,
wie sie Bagdad
bombardieren.

Die Militärs
Sprechen von Trefferquoten,
doch nicht von toten
Zivilisten.

Bauernopfer

für Saddam
und ein paar
Luxus-Fürsten
In Kuwait.

Der Emir
schwelgt in Herrlichkeit
weit weg
vom großen Sterben.

Exil ?

Luxus-Asyl,
während am Golf
Brandbomben explodieren.

Wir aber sehen nur
Objekte
Karten
Ziele.

Der Krieg
ein Schachspiel
der Strategen,
tv-gerecht
zur Schau gestellt
als Baseballmatch.

We are the champions
of the world
klingt es bei

SuperBowl
und Desert Storm,
wenn die Helden
Treffen melden.
Siege feiern.

The Winner
Takes It All.

Die Schlacht
hat sich gelohnt,
so hören wir
Staatsmänner reden.

Recht haben sie.

Jetzt steht der Wiederaufbau an.
Ein Milliarden-Konjunkturprogramm.
Der Greenback und
die Aktienkurse
gehen steil nach oben.

Heiliger Krieg ?
Gerechter Sieg ?

Der Mensch ?

Bleibt auf der Strecke .
Ecce homo.

Denkbar immerhin,
sagt einer
- Dichter -,
dass der Frieden
über uns käme
im Ernst
sanftmütig
unerbittlich.

Ach Enzensberger!
Du rettungsloser Optimist.

1991 / 2002

17

Brexit hexit

Eure Zukunft
ist uns Alten
scheißegal,
sagen die unfeinen
Lemuren auf der Insel
den Jungen,
den Entsetzten,
den vom Brexit
Verletzten.
Und huldigen einer
90 Jahre
Alten
Queen
in Giftgrün.
Wir wollen wieder independent sein.
Und rassenrein weiß.
Und ein bisschen apartheidistisch.
British commonwealthistish.
Exit.
Brexit.
Hex it.
When shall we three meet again?

In thunder, lightning or in rain?
Schreien Shakespeares alte Hexen
die abgetakelten Macbeth-Fexen
und haben die Messer schon gewetzt
fürs Schlachten der
größeren Hoffnung Europas.
Farage, Farage,
Zukunft im Arsch.
Dank kleingeistiger
Polit-Liliputaner,
feiger konservativer Insulaner.
Cameron mir graut vor dir.
So wird Great Britain,
die Isle of Proud Men
zum Death Valley Europas.

Lemuren, Lemuren!
Sieht so die Zukunft aus?
Ana
Chronisten
beim Rossmisten.
Snobisten
im Club
der Gezeichneten,
der Todgeweihten.

Ihr Jungen,

rebelliert gegen die Alten
die traurigen britishen Gestalten,
verjagt sie aus ihren Clubs, den feinen,
bevor sie versteinen,
schmeißt sie vom Thron
der Arroganz,
macht Revolution,
werft sie ins Meer,
den Kanal
der unendlichen Geschichte,
den hundertjährigen
Karettschildkröten
zum Dessert.

Ach ihr handzahmen
Brüsseler Juncker:
Wir haben genug von
freundlichen Appellen.
Jetzt ist die
Zeit für mutige
junge Rebellen.

18

Babel in der Provinz

Ein Dorf ist nicht die Welt? Nein, mein guter Dürrenmatt, da haben sie Recht. Ein Dorf ist tatsächlich nicht die Welt. Aber ist ein bisschen Welt ist auch hier. Provinz ist nicht das Paradies auf Erden. Überall ist Jahrmarkt, überall ist Eitelkeit. Die Welt im kleinen ist nicht besser als die große Welt der Babelstädte. Es sind kleine und große Dramen, die ich Woche für Woche in meiner kleinen Stadt erlebe. Provinziell, sagen die, die meinen Mikrokosmos nicht kennen. Das Dorf als Mundus in nuce, als Gen-Fingerabdruck der großen Welt. Babel und Gomorrha in der Provinz, wie in der großen weiten Welt.

Denn wo ist heute noch Provinz in diesem Land, in einer Zeit, in der das Internet in die kleinste Kate auf der kleinsten Hallig Einzug gehalten hat.

Sünden sind auch hier längst Alltag. Ehebruch. Verführung. Untreue. Verbotene Liebe. Alles kommt vor. Selbst Mord und Totschlag im Sport-Studio.

19

IMPRESSIONS MUSICALES UNTER'M ZWIEBELTURM

Beim süffigen Crémant d'Alsace
im Rathauskeller Politik gemacht.
Wolls guter Tropfen mundet Ratsherren
und Präsidenten. Es kosteten
Prinzessinen, Gardisten
und gemeine Narren,
Denker – zu später Stund' -
und Dichter.
Harig war da.
Weiß du noch ?
Wer mit den Wölfen heult, wird Wolf.
Johannes Kühn,
der große, wortgewaltige Poet:
Ich Winkelgast unterm Zwiebelturm
vor der Lesereise nach Mexico.
So mag's das Volk, so liebt's der König:
Illingen – das Tor zur Welt...
Ach was!
Dichtung und Wahrheit.
Weißt du noch,

als Déja Vu noch spielte
und Espe jiddische Musik
im Schtetele zum Besten gab,
als Leonardy in die Tasten griff ?
Sebastian im Traum – die leisen
Flügeltöne, Adagio ma non troppo.
Die Birringers, zwei Kinder noch,
verzauberten ihr Auditorium
mit Brahms und Paganini,
und Monshausen, der Impresario,
ließ rustikal Carmina burana
intonieren. Adeste fideles,
Amici Cantus. Palcaner schwärmen
heute noch von alten Zeiten,
als Robert, der Historiker,
Schüler und Lehrer dirigierte,
Bernd Thewes (Brubeck) pianierte,
ein Kulturpapst rockig
an den Drums brillierte.
Und alle feierten
bis in den frühen Morgen:
Take five, drunken sailor.
Impressions musicales unter'm Zwiebelturm.

20

DIE WUNDE

Die Wunde
im Stadtbild
ein Schandmal
Teufel nochmal!
HölleHölleHölle!
Dreckspatzen
fliegen auf.
In der Höll' ist
alles Wurst
außer Geld
Hauptsache Kohle
Eigentum verpflichtet?
Zu nichts.
Blendwerk
die Stiftung
wo der Bertel dem Mann
den Most holt,
der Schein
ist heilig.
Ein Spekulant
hält die Hand
für Cash

von Stadt
und Land auf
und nieder
geht's im
Grubenland
Leiharbeit
Ausbeutung
Abschöpfung
gnadenlos
hoffnungslos
bodenlos
Arm
selig
das Land
das solche
Helden
Botschafter
nennt.
Hölle, mir graut vor dir.

21

Erste Liebe im Lustgarten

Die Illinger Jugend traf sich im Lustgarten, beim Bucher in der Ponderosa, im Go In und im Boccaccio.

Ich musste sonntags zu Fuß über den Hirschenhübel nach Illingen rennen, um meine Freunde im Lustgarten zu treffen, um Billard zu spielen, zu kickern – wir nannten es Rolley -, und natürlich, um geile Musik zu hören und Bier zu trinken.

Wir warfen Groschen in die Musicbox und hörten Beatles, Suzie Quatro mit Can the Can, Blockbuster von Sweet, Skweeze Me Pleeze Me von Slade und Get down von Gilbert O'Sullivan.

Und natürlich die Stones. Mit Angie war ein echter Heuler für Verliebte angesagt. Und dann gab's noch «Seasons in the Sun», «Killing Me Softly with His Song» und – Demis Roussos: «Goodbye, My Love, Goodbye».

Der Lustgarten war ein kultiges Lokal, laut und verraucht und immer musikdurchflutet. Am Zapfhahn standen zwei Algerier: Ali und Michael animierten uns zum Trinken.

Hier also soll ich Ralf die Freundin ausgespannt haben. Dabei hatte er sich so heftig mit Marina gestritten, dass es jeder am Tisch gesehen hatte.

Sie waren vor die Tür gegangen und hatten sich ausgesprochen. Und als sie zurückkehrten, war ihre Lust in die ewigen Jagdgründe entschwunden. Und ich legte meinen Arm um ihre Schulter, um sie zu trösten. Mir kam gar nicht in den Sinn, dass ich damit Ralf die Freundin ausspannte.

Und sie ließ es einfach geschehen.

Litt erst tags darauf unter Gewissensbissen. Die schöne Marina aus der neuen Siedlung.

Dass sie fast zehn Zentimeter größer war als ich und eine markante Brille trug, störte mich nicht.

Wir waren ein ganzes Jahr unzertrennlich.

Doch Sex hatten wir nie.

22

STURMWIND UND
SOMMERBRISE

Sturmwind du
und Sommerbrise –
möcht dich nicht mehr
missen.
Hast mein Leben
aufgemischt
mit deinen heißen
Küssen.

Hast mich
gewärmt, hast mich
gezaust, bist durch
die Herzkammer
gebraust, hast
alles
auf den Kopf
gestellt.
Wie lieb ich
diese Zauber-
Welt.

Sturmwind du
und Sommerbrise –
möcht dich
nicht mehr missen.
Und ich sag es
frank und frei:
Will dich
wieder
küssen.

23

Ehe

Nachgeben
Einlenken
Zugestehen
Entgegenkommen
Sich beugen
Zurückstecken
Klein beigeben
Die weiße Fahne hissen
Standhalten
Auftrumpfen
Beide Augen zudrücken
Schweigen
Reden
Kämpfen
Resignieren
Umarmen
Verschmelzen
Lieben
Trennen
Warten
Leiden
Trauern

Feiern
Nichts
Ist unmöglich.
Von nun an bis in Ewigkeit.
Bis dass der Tod uns scheidet.

24

RUF AUS DER FERNE AN DIE LIEBSTE IN DER HEIMAT

Du hat mein Herz
- oh Schmerz –
betört,
nun ist mein Herz
mit Schmerz
beschwört.

Ach Herzilein,
ach Herzilein,
warum musst du
denn traurig sein ?

Ich hör dein Rufen,
hör dein Klagen,
(- der Fernsprecher!-)
soll ich es wagen,
vite vite
im Sauseschritt
zu dir zu eilen,
um ein paar Stunden
zu verweilen ?

Ach Schatz,
du bist so fern von mir,
wie kömmst du
denn so schnell
nach hier ?

Ich nehm den Flieger,
Herzilein,
dann bist,
mein Schatz
du nicht allein.

Ja, nehm den Kranich,
nehm in flugs.
Das wär was Klug's.
Nähm's doch die Schmerzen
Von meinem Herzen.

Morgen will ich
bei dir sein.
dann bist, mein Schatz
du nicht allein.

So ruf ich dir zu
aus der Ferne
(- e plus! -):
Ich hab dich so gerne.

Ja is' denn heut scho' Weihnachten ?

24

DIE RELATIVITÄTSTHEORIE
VOM KRÖVER NACKTARSCH

Vom Weine betört
Nahm Franz eine Maid,
ein Girl von der Mosel,
das im Schwips er gefreit.
Er spielte Trompete,
sie spielte kokett
mit seinen Gefühlen,
er fand sie ganz nett
und obendrein schön –
ach hätt' er die Dame
nur nüchtern besehn.
Zu breit war ihr Mund,
zu kantig ihr Kinn,
der Bauch allzu rund,
er nahm's einfach hin.
Der Wein hatte Feuer,
die Maid hatte Glut,
verwirrte die Sinne,
erregte das Blut.
Der Name hat's in sich,
wir finden's galant

in Kröv trinkt man Nacktarsch
wie weltweit bekannt.
Sie küssten und herzten sich
Bis in die Nacht.
Die Ernte des Fests
Hat der Storch
dann gebracht.
Ein Knäblein klein
So edel und rein,
ein Nacktarsch aus Kröv,
mit Sternzeichen Löw.
Sie haben ihn
Albert Weinstein genannt –
Der Gute war später
Weltweit bekannt.
Durch ihn weiß die Forschung
nun definitiv
alles – auch Schönheit –
ist relativ.
Doch hätt' ihn nie
der Pfeil der Erkenntnis getroffen,
hätt' nicht sein Vater
Kröver Nacktarsch gesoffen.

Armin König, Jahrgang 1957, ist seit 1996 hauptamtlicher Bürgermeister. Der Saarländer studierte Germanistik, Geschichte und Sport, volontierte nach seinem Lehramts-Examen bei der Saarbrücker Zeitung, wurde SZ-Redakteur, wechselte als Pressesprecher in der Saarländischen Landtag und wurde 1987 Redakteur beim Saarländischen Rundfunk.

2011 wurde er an der Deutschen Universität für Verwaltungswissenschaften promoviert.

Seit »ewigen Zeiten« führt er Tagebuch als Chronist einer spannenden Region.

Er schreibt Prosa, Lyrik und Essays und politische Reden.

Als Bürgermeister gehört er zu den Querdenkern im Land, der sich auch mit der eigenen Partei anlegt.